„Stellt doch einfach alles auf den Kopf!"

Ulrike Garrido Mendoza

„Stellt doch einfach alles auf den Kopf!“

„Stellt doch einfach alles auf den Kopf!“

Ein Lesebuch für Deutsch als Fremdsprache

Ulrike Garrido Mendoza

Zeichnungen: Nic Koray

Pädagogische Forschungsstelle
beim Bund der Freien Waldorfschulen
Stuttgart

ISBN Nr. 3-927286-48-6

Gestaltung/Layout: Ulrike Garrido Mendoza
Druck: Druck- und Medienzentrum
Gerlingen GmbH
Benzstraße 8, 70839 Gerlingen

Inhalt

Floh und Ameise

Ein Floh und eine Ameise hatten Freundschaft geschlossen und begaben sich gemeinsam auf Wanderschaft.

Als sie an einem Bach vorbeikamen, sprach der Floh zur Ameise:
„Ich springe hinüber, aber was machst du?“

„Warum soll ich nicht genauso gut hinüberspringen?“ erwiderte die Ameise.

Der Floh hopste und – schwupp! – war er drüben auf der anderen Seite.
Die Ameise hopste, doch – o weh! – sie fiel ins Wasser.

Da flehte die Ameise den Floh an:
„Flöhlein, Brüderlein, rette mich, zieh mich aus dem Wasser."

Der Floh – hops, hops – sprang schnell zum Schwein und bat:

„Schwein, gib mir Borsten für ein Seil,
das Seil werf' ich ins Bächlein
und zieh' heraus mein Schwesterlein,
das Ameiselein."

Das Schwein sprach:
„Erst bringe mir Eicheln!“

Der Floh – hops, hops – sprang hin zur Eiche und bat:

> „Eiche, gib mir Eicheln für das Schwein,
> das Schwein gibt Borsten für das Seil,
> das Seil werf’ ich ins Bächlein
> und zieh’ heraus mein Schwesterlein,
> das Ameiselein.“

Die Eiche sprach:
„Erst jage mir die Krähe weg!"

Der Floh – hops, hops – sprang hin zur Krähe und bat:

„Krähe, lass die Eiche sein,
die Eiche gibt Eicheln für das Schwein,
das Schwein gibt Borsten für ein Seil,
das Seil werf' ich ins Bächlein
und zieh' heraus mein Schwesterlein,
das Ameiselein."

Die Krähe sprach:
„Erst bringe mir ein Küken!"

Der Floh – hops, hops – sprang hin zur Glucke und bat:

„Glucke, gib mir ein Küken für die Krähe,
die Krähe lässt die Eiche sein,
die Eiche gibt Eicheln für das Schwein,
das Schwein gibt Borsten für ein Seil,
das Seil werf' ich ins Bächlein

und zieh’ heraus mein Schwesterlein,
das Ameiselein.“

Die Glucke sprach:
„Erst bring mir Hirse!“

Der Floh – hops, hops – sprang hin zum Speicher und bat:

„Speicher, gib mir Hirse für die Glucke,
die Glucke gibt ein Küken für die Krähe,
die Krähe lässt die Eiche sein,

die Eiche gibt Eicheln für das Schwein,
das Schwein gibt Borsten für ein Seil,
das Seil werf' ich ins Bächlein
und zieh' heraus mein Schwesterlein,
das Ameiselein."

Der Speicher sprach:
„Erst verjage die Maus!"
Der Floh – hops, hops – sprang hin zum Mäuschen und bat:

„Mäuslein, lass den Speicher sein,
der Speicher gibt mir Hirse für die Glucke,
die Glucke gibt ein Küken für die Krähe,
die Krähe lässt die Eiche sein,

die Eiche gibt Eicheln für das Schwein,
das Schwein gibt Borsten für ein Seil,
das Seil werf' ich ins Bächlein
und zieh' heraus mein Schwesterlein,
das Ameiselein."

Das Mäuschen sprach:
„Erst beschütze mich vor der Katze!"

Der Floh – hops, hops – sprang hin zur Katze und bat:

„Katze, jag nicht das Mäuschen klein,
das Mäuschen lässt den Speicher sein,
der Speicher gibt mir Hirse für die Glucke,
die Glucke gibt ein Küken für die Krähe,
die Krähe lässt die Eiche sein,
die Eiche gibt Eicheln für das Schwein,
das Schwein gibt Borsten für ein Seil,
das Seil werf' ich ins Bächlein
und zieh' heraus mein Schwesterlein,
das Ameiselein."

Die Katze sprach:
„Erst bring mir Milch!"

Der Floh – hops, hops – sprang hin zur Kuh
und bat:

„Ach Kuh, gib mir Milch für die Katze,
die Katze jagt nicht das Mäuschen klein,
das Mäuschen lässt den Speicher sein,
der Speicher gibt mir Hirse für die Glucke,
die Glucke gibt ein Küken für die Krähe,

die Krähe lässt die Eiche sein,
die Eiche gibt Eicheln für das Schwein,
das Schwein gibt Borsten für ein Seil,
das Seil werf' ich ins Bächlein
und zieh' heraus mein Schwesterlein,
das Ameiselein."

Die Kuh sprach:
„Erst bring mir Gras!"

Der Floh – hops, hops – sprang aufs Feld hinaus, zupfte Gras und brachte es der Kuh.

Die Kuh gab ihm Milch,
die Milch brachte er der Katze,
die Katze jagte das Mäuschen nicht,
das Mäuschen ließ den Speicher sein,
der Speicher gab ihm Hirse für die Glucke,
die Glucke gab ihm ein Küken für die Krähe,
die Krähe gab ihm Eicheln für das Schwein,
das Schwein gab Borsten für ein Seil,
der Floh band einen Halm an das Seil
und warf den Halm ins Wasser.

Die Ameise kroch auf den Grashalm, der Floh zog an dem Seil und zog sein Schwesterlein, das Ameiselein, ans Ufer und rettete es vor dem Tode.

Dann setzten sie zusammen ihren Weg fort.

Der süße Brei

Es war einmal ein armes, frommes Mädchen, das lebte mit seiner Mutter allein, und sie hatten nichts mehr zu essen.

Da ging das Kind hinaus in den Wald, und da begegnete ihm eine alte Frau, die seinen Jammer schon wusste.

Sie schenkte ihm ein Töpfchen, und wenn es sagte: „Töpfchen koche!“ so kochte es guten, süßen Hirsebrei.
Und wenn es sagte: „Töpfchen steh!“, so hörte es wieder auf zu kochen.

Das Mädchen brachte den Topf seiner Mutter heim, und nun waren sie ihrer Armut und ihres Hungers ledig und sie aßen süßen Brei, so oft sie wollten.

Auf eine Zeit war das Mädchen ausgegangen.

Da spricht die Mutter: „Töpfchen koche!“
Da kocht es, und sie isst sich satt.

Nun will sie, dass das Töpfchen wieder aufhören soll, aber sie weiß das Wort nicht.

Also kocht es fort, und der Brei steigt über den Rand hinaus und kocht immerzu, die Küche und das ganze Haus voll und das zweite Haus und dann die Straße, als wollt's die ganze Welt satt machen, und ist die größte Not, und kein Mensch weiß sich da zu helfen.

Endlich, wie nur noch ein einziges Haus übrig ist, da kommt das Kind heim und spricht nur: „Töpfchen steh“, da steht es und hört auf zu kochen; und wer wieder in die Stadt wollte, der musste sich durchessen.

Bischof Ludgerus

Vor gut 1200 Jahren wanderte der heilige Ludgerus durch Friesland und das Münsterland, um den Menschen den christlichen Glauben zu bringen. Er wurde der erste Bischof von Münster.

Auf seinen langen Wanderungen kam er eines Tages die Ruhr entlang. In Werden, in der Nähe der heutigen Stadt Essen, ließ er sich mit seinen Gefährten an einem dicht mit großen Eichen bewachsenen Platz nieder.

Er beschloss, gleich am nächsten Morgen damit zu beginnen, die mächtigen Bäume zu fällen.
Genau an dieser Stelle wollte er ein Kloster errichten.

Seinen Gefährten gefiel das nicht.

Wie sollten sie diese vielen, großen, alten Bäume fällen? Sie waren ganz verzweifelt: das konnten sie nicht schaffen.

Ludgerus aber beruhigte sie und versenkte sich tief ins Gebet. Dann gingen sie schlafen.

In dieser Nacht erhob sich ein furchtbarer Sturm. Er tobte mit solcher Macht, dass alle Eichen entwurzelten und zerbarsten.
Am nächsten Morgen stand kein einziger Baum mehr. Alle lagen kreuz und quer übereinander auf dem Waldboden.

Wie durch ein Wunder blieben Ludgerus und seine Gefährten verschont.

Als der Tag anbrach und die Männer das Ausmaß dessen sahen, was geschehen war, knieten sie nieder und dankten Gott. Dann machten sie sich an die Arbeit.

Nach seinem Tode im Jahre 809 wurde Bischof Ludgerus in dem von ihm gegründeten Kloster in Essen-Werden beigesetzt.

Die Sterntaler

Es war einmal ein kleines Mädchen, dem waren Vater und Mutter gestorben.

Es war so arm, dass es kein Kämmerchen mehr hatte, darin zu wohnen und kein Bettchen mehr, darin zu schlafen und endlich gar nichts mehr als die Kleider auf dem Leib und ein Stückchen Brot in der Hand, das ihm ein mitleidiges Herz geschenkt hatte.

Es war aber gut und fromm.

Und weil es so von aller Welt verlassen war, ging es im Vertrauen auf den lieben Gott hinaus ins Feld.

Da begegnete ihm ein armer Mann, der sprach: „Ach, gib mir etwas zu essen, ich bin so hungrig."

Es reichte ihm das ganze Stückchen Brot und sagte:
„Gott segne dir's", und ging weiter.

Da kam ein Kind, das jammerte und sprach:
„Es friert mich so an meinem Kopfe, schenk' mir etwas, womit ich ihn bedecken kann."

Da tat es seine Mütze ab und gab sie ihm.

Und als es noch eine Weile gegangen war, kam wieder ein Kind, das hatte kein Leibchen an und fror.

Da gab es ihm seins.

Und noch weiter, da bat eins um ein Röcklein, das gab es auch von sich hin.

Endlich gelangte es in einen Wald, und es war schon dunkel geworden, da kam noch eins und bat um ein Hemdlein, und das fromme Mädchen dachte:

„Es ist dunkle Nacht, da sieht dich niemand, du kannst wohl dein Hemd weggeben“ und zog das Hemd ab und gab es auch noch hin.

Und wie es so stand und gar nichts mehr hatte, fielen auf einmal die Sterne vom Himmel und waren lauter harte, blanke Taler.

Und ob es gleich sein Hemdlein weggegeben, so hatte es ein neues an, und das war vom allerfeinsten Linnen.

Da sammelte es sich die Taler hinein und war reich für sein Lebtag.

Wunderliche Geschichte

Einst zog unser Herr Jesus mit Petrus durch das niederrheinische Land.

Es war schon spät am Abend – die Sonne war bereits untergegangen, als sie in der Ferne ein Dorf erblickten.

Sie klopften bei einem Bauern an und baten um Unterkunft.

Der Bauer ließ sie ein.

Er machte wenig Worte. Allerdings fand er, dass so junge und kräftige Leute sich die Übernachtung doch verdienen konnten.

„Morgen könnt ihr früh aufstehen und das Korn dreschen", sagte er. „Dafür könnt ihr in einer Kammer schlafen und braucht nicht auf den Heuboden zu gehen. Ich gebe euch auch gut zu essen."

Unsere beiden Wanderer waren von der langen Reise sehr müde und schliefen bald ein.

Am nächsten Morgen wartete der Bauer auf sie vergebens. Die Zeit verging: vier Uhr, fünf Uhr, schließlich war es acht Uhr geworden.

Da nahm er einen Stock, ging zur Kammer und prügelte Petrus, der vorne schlief, aus dem Schlaf.

Eiligst zogen sich die beiden an und machten sich an die Arbeit.

Hui, wie die Dreschflegel sausten!
Wie das Korn von der Spreu getrennt wurde!

So eifrig und schnell hatte noch niemand bei dem Bauern gearbeitet!

„Die beiden sind jung und stark. Sie arbeiten siebenmal schneller als jeder andere. Das könnten sie morgen auch tun, dann haben sie in zwei Tagen die Arbeit von zwei Wochen verrichtet. Mhm ..., das soll mir recht sein. Es ist ein gutes Geschäft", sagte sich der Bauer.

Er bot ihnen an, auch die nächste Nacht auf seinem Hof zu verbringen.

Da unsere beiden sehr müde waren, willigten sie ein.

Nach einem guten Abendbrot bat Petrus unseren Herrn:
„Willst du nicht diese Nacht in meinem Bett schlafen? Ich lege mich in deines, das ist dir doch recht?"

Jesus willigte ein.

Als sie am nächsten Morgen vor lauter Müdigkeit wieder verschliefen, kam der Bauer mit seinem Stock daher.

Unterwegs sagte er aber zu sich:
„Ich will nicht immer denselben treffen."

Deswegen ging er diesmal zum anderen Bett und schlug nach Kräften auf den Schlafenden ein.

„Dass ihr mir aus den Federn kommt und an die Arbeit geht!" rief er und gab noch einen drauf.

So hatte Petrus zum zweiten Mal Prügel bekommen.

Er jammerte: „Womit habe ich das verdient? Den ganzen Tag schwer arbeiten und dann noch Schläge bekommen!
Komm, Herr Jesus, bitte, lass uns weiterziehen!"

Und Jesus willigte ein.

... und noch eine Geschichte vom heiligen Ludgerus

Als Bischof Ludgerus eines Tages in der Nähe von Neuß vorbeikam, klagte ein Bauer:

„Heiliger Vater, könnt ihr mir nicht helfen?
Jedes Jahr kommen die wilden Gänse und vernichten alles, was ich gesät habe!
Wie soll ich meine Frau und meine vielen Kinder ernähren, wenn all meine Arbeit immer wieder zunichte gemacht wird?
Ach, guter Vater, ich weiß nicht mehr ein noch aus!"

Ludgerus sah den Mann freundlich an.

Er hatte tiefes Mitleid mit ihm und sprach:
„Sprich mit den Gänsen!

Schicke sie in den Stall und lass sie erst wieder herauskommen, wenn sie dir versprochen haben, dass sie sich bessern werden."

Der Bauer tat, was Ludgerus ihm geraten hatte.
Und denkt euch:

Die Gänse folgten ihm aufs Wort!

Sie watschelten tipp, tipp, tipp eine nach der anderen im „Gänsemarsch“ in den Stall.

War das eine Freude!

Als Ludgerus wieder des Weges kam, dankte ihm der Bauer sehr.

Ludgerus lächelte ihn an, segnete ihn und blickte
zu den Gänsen:

„Dass ihr mir schön brav bleibt", warnte er sie
mit dem Finger und wanderte weiter.

Der Bauer und der Teufel

Es war einmal ein kluges und verschmitztes Bäuerlein, von dessen Streichen viel zu erzählen wäre.

Die schönste Geschichte ist aber doch, wie es den Teufel einmal drangekriegt und zum Narren gehalten hat.

Das Bäuerlein hatte eines Tages seinen Acker bestellt und rüstete sich zur Heimfahrt, als die Dämmerung schon eingetreten war.

Da erblickte er mitten auf seinem Acker einen Haufen feuriger Kohlen.

Als er voll Verwunderung hinzu ging, so saß oben auf der Glut ein kleiner, schwarzer Teufel.

„Du sitzt wohl auf einem Schatz?“ sprach das Bäuerlein.

„Jawohl“, antwortete der Teufel, „auf einem Schatz, der mehr Gold und Silber enthält, als du dein Lebtag gesehen hast.“

„Der Schatz liegt auf meinem Feld und gehört mir“, sprach das Bäuerlein.

„Er ist dein“, antwortete der Teufel, „wenn du mir zwei Jahre lang die Hälfte von dem gibst, was dein Acker hervorbringt; Geld habe ich genug, aber ich trage Verlangen nach den Früchten der Erde.“

Das Bäuerlein ging auf den Handel ein.

„Damit aber kein Streit bei der Teilung entsteht“, sprach es, „so soll dir gehören, was über der Erde ist, und mir, was unter der Erde ist.“

Dem Teufel gefiel das wohl, aber das listige Bäuerlein hatte Rüben gesät.

Als nun die Zeit der Ernte kam, so erschien der Teufel und wollte seine Frucht holen. Er fand aber nichts als die gelben, welken Blätter, und das Bäuerlein, ganz vergnügt, grub seine Rüben aus.

„Einmal hast du den Vorteil gehabt“, sprach der Teufel, „aber für das nächste Mal soll das nicht gelten: Dein ist, was über der Erde wächst, und mein, was darunter ist.“

„Ist mir auch recht“, antwortete das Bäuerlein.

Als aber die Zeit zur Aussaat kam, säte das Bäuerlein nicht wieder Rüben, sondern Weizen.

Die Frucht ward reif, das Bäuerlein ging auf den Acker und schnitt die vollen Halme bis zur Erde ab.

Als der Teufel kam, fand er nichts als die Stoppeln und fuhr wütend in eine Felsenschlucht hinab.

„So muss man die Füchse prellen“, sprach das Bäuerlein, ging hin und holte sich den Schatz.

Die sieben Stäbe

Ein Vater hatte sieben Söhne.

Sie stritten und zankten sich oft heftig, und das betrübte ihn sehr.

Als er ans Sterben kam, ließ er sie alle zu sich kommen.

„Ich bin alt und werde nicht mehr lange leben, aber ich will euch eines mit auf den Weg geben", sprach er.
Dann reichte er ihnen sieben Stäbe, die er ganz fest zusammengebunden hatte.

„Wenn es einem von euch gelingt, dieses Bündel Stäbe zu zerbrechen, will ich ihn reich entlohnen; er soll das ganze Erbe erhalten."

Wie sehr sich auch die Söhne bemühten – sie konnten die Stäbe nicht zerbrechen.

Da nahm der Alte die Stäbe an sich, löste das Band und verteilte sie einzeln unter seinen Söhnen.

„Seht ihr, nun ist es leicht, sie zu zerbrechen."

Die Söhne nickten, aber sie konnten ihn noch nicht verstehen.

Da sprach der Vater:
„Das sollt ihr euch merken, meine Kinder:

Solange das Band der Einigkeit euch verbindet, kann euch nichts und niemand auseinander bringen. Jeder Einzelne von euch ist aber leicht zu überwinden.

Versprecht mir, dass ihr in Zukunft zusammenhalten werdet!"

Seine Söhne versprachen es.

Da lächelte der Alte zum ersten Mal seit vielen Jahren und verschied.

Der aller-, allerwertvollste Schatz

Auf Schloss Hochstaden an der Erft lebte einst ein kluger und mutiger Graf mit seiner ebenso klugen und schönen Gemahlin.

Die beiden liebten einander sehr und waren ein glückliches Paar.

Da geschah es, dass ihr altes Schloss über viele, viele Jahre belagert wurde. Das machte ihnen ihr Leben schwer.

In seiner Not ließ der Graf seinen Pferden die Hufeisen falsch herum unternageln.

Als seine Gegner die Hufspuren in der Erde sahen, glaubten sie, dass seine Knappen ausgeritten seien und stürmten das Schloss.

Wie waren sie aber überrascht, als sie auf stärksten Widerstand stießen! Die Knappen waren zu Hause, und sie verteidigten das Schloss mit aller Kraft.

Das hatten die Gegner nicht erwartet. Sie mussten sich wieder zurückziehen.

Ein ander Mal glaubten sie, die Ritter seien im Schloss. Sie umstellten es, damit niemand hinausgehen könne und begannen die Felder des Grafen zu verwüsten.

Die Ritter waren aber gar nicht zu Hause, sondern unbemerkt ausgeritten – wieder auf den Pferden mit den falsch herum beschlagenen Hufen.

Sie konnten rechtzeitig zu Hilfe kommen und den Gegnern das Handwerk legen.

Lange gelang es dem Grafen und seiner Gemahlin, sich der Angreifer zu erwehren.

Aber die Belagerung dauerte nun schon so viele Jahre, dass die Nahrungsmittel knapp wurden.

Schließlich wurde der Belagerungsring so eng gezogen, dass es keinen Ausweg mehr gab.

Nach all den Jahren des mutigen Kampfes sollten der Graf und die Gräfin alles verlieren und der Graf noch sein Leben dazu.

Da bat die Gräfin:
„Bitte, bitte gewährt mir die Gnade und lasst mich mit meinem aller-, allerwertvollsten Schatz das Schloss verlassen!"

„Alles, was ihr tragen könnt, dürft ihr mitnehmen", versprachen die Belagerer. „Aber ihr müsst eine Meile des Weges gehen und dürft nicht rasten und nicht zurückschauen!"

Und sie gaben der Gräfin ihr Wort.

Am nächsten Morgen wurde in aller Frühe das Schlosstor geöffnet.

Wie staunten da die Belagerer, als sie sahen, dass die Gräfin ihren Mann auf dem Rücken trug und ihre Schürze mit all ihrem Schmuck gefüllt war.

Sogleich wollten sich einige auf sie stürzen, um ihren Gemahl zu töten.

Sie wurden jedoch zurückgehalten, und so sehr sie sich auch ärgerten: sie mussten ihr Wort halten.

Mit ihrer schweren Last setzte die Gräfin tapfer Schritt vor Schritt.

Der Weg schien ihr unendlich lang und beschwerlich, doch ihre Liebe und ihr Mut waren stärker als alle Not.

Als sie endlich angekommen waren, sank sie nieder, und die beiden beteten und dankten Gott.

Sie beschlossen, genau an dieser Stelle eine Kapelle zu errichten.

Einige Jahre später erbauten sie wieder ein Schloss.

Es war kleiner als ihr altes, und sie nannten es „Nothausen".

Die beiden lebten weiter glücklich miteinander und wurden sehr, sehr alt.

Ihr Schloss ist inzwischen verfallen; den Ort "Nothausen" soll es aber noch geben.

„Stellt doch einfach alles auf den Kopf!"

In einem fernen Land lebte ein alter König, der sein Volk weise und gütig regierte.

Sein Volk dankte es ihm und verehrte ihn wie keinen anderen Herrscher zuvor.

An seinem Hofe gab es einen Narren, den Volk und König gleichermaßen liebten:
Er trieb mit allen seinen Spaß und konnte die Wahrheit sagen, ohne dass sich jemand darüber erzürnte – auch der König nicht.

Er stand jedermann mit Rat zur Seite, ganz gleich, um wen es sich handelte. Und denkt euch, er tat alles so geschickt, dass jeder, der ihn hörte oder sah, von ganzem Herzen lachen musste!

Am liebsten rief er:
„Stellt doch einfach alles auf den Kopf!"

Dann sprang er hoch, klatschte in die Hände, schlug ein Rad und blieb auf einer Hand stehen.
Er winkte mit der anderen und wackelte mit den Beinen, sodass seine Schellen ertönten.

Eines Tages brach große Not über dieses glückliche Land herein:
Immer, wenn ein Kind geboren wurde und der König sich über diese gute Nachricht von Herzen freute, erhielt er kurz darauf eine andere Nachricht, die besagte, dass zur selben Stunde der Geburt des einen Kindes ein anderer Bürger gestorben war.

Dies geschah nun beinahe täglich, und die Trauer im Lande wurde immer größer.

Landauf, landab versuchte man der Lage Herr zu werden, und die Menschen versammelten sich in den Kirchen, um zu beten – allein es war vergebens: Wann immer ein Kind im Königreich zur Welt kam, starb ein anderer Mensch.

Eines Tages gebar die Tochter des Königs den lang ersehnten Sohn.

Vor dem Schloss donnerten die Kanonen Salutschüsse, und im ganzen Reich läuteten die Glocken, um die freudige Nachricht zu verkünden. Überall im Lande brach unbeschreiblicher Jubel aus.

Da erhielt der König die Nachricht, dass zur selben Zeit der Sohn seines engsten Vertrauten, des ersten Ministers, gestorben war.

Dies war für ihn unerträglich.

Die Not und das Leid seines geliebten Volkes machten ihn ganz verzweifelt.

Er verließ sein Schloss, den Hof, seine Freunde und auch sein Volk, um sein Leben fortan einzig und allein Gott zu widmen.

Alle warteten vergebens auf ihn: niemand wusste, wohin er sich begeben hatte.

Schließlich wurden einige seiner Minister ausgesandt, um ihn zu suchen. Nach zwei Wochen fanden sie ihn in einer einfachen Hütte, als schlichten Einsiedler gekleidet, tief ins Gebet versenkt.

Wie sehr die Minister sich auch bemühten, den König zur Rückkehr zu bewegen: es half nichts!

Sein Entschluss stand fest: Er konnte und wollte nicht auf seinen Thron zurückkehren.
Zu groß war die Not in seinem Land, und er konnte seinem Volk nicht helfen.

Die Tage gingen ins Land.

Ein Minister nach dem anderen bemühte sich vergebens, den König wieder heimzuholen.

Schließlich bat der Narr um Erlaubnis, ihn zu besuchen.

Die Minister hielten nicht viel davon, und auch das Volk machte sich über ihn lustig.

Er ließ sich aber nicht von seinem Vorhaben abbringen.

Schließlich willigte man ein und gab ihm die Erlaubnis, den König aufzusuchen.

Als er zu ihm kam, fand er den guten, alten Mann gramgebeugt ins Gebet vertieft. Es wollte kein Lächeln über sein Gesicht huschen, obwohl er sich freute, den Narren wiederzusehen.

Da sprach der Narr: „Edler König, Ihr trauert über das Unglück, das über unser Land hereingebrochen ist: darüber, dass immer, wenn jemand geboren wird, ein anderer stirbt! Macht es so wie ich:

Stellt doch einfach alles auf den Kopf!"

Und schon sprang er hoch, klatschte in die Hände, schlug ein Rad und blieb auf einer Hand stehen. Er winkte mit der anderen und wackelte mit den Beinen, sodass seine Schellen ertönten, und dann fuhr er fort:
„Bedenkt, wie gut es Euch geht:
Wann immer in Eurem Land einer stirbt, wird sogleich ein anderer geboren! Ist das nicht herrlich? Sagt Euch, dass Ihr der glücklichste Herrscher seid, der jemals gelebt hat!"

Als der Narr das gesagt hatte, blickte der König zu ihm auf, lächelte und sann darüber nach. Dann erhob er sich und umarmte ihn unter Tränen.

„Du hast Recht, mein Guter", seufzte er.
„Lass uns zurückkehren und in Zukunft einfach alles auf den Kopf stellen!"

Dann packte er seine wenigen Sachen und kehrte an der Seite des Narren auf sein Schloss zurück.

Die Freude bei Hofe war unermesslich groß, wie ihr euch denken könnt, und es wurde gefeiert, getanzt und gelacht.

Und immer, wenn jemand starb, wurde ein anderer geboren.

Und so ist es auch heute noch.

Quellen

Floh und Ameise: Mit freundlicher Genehmigung des Verlages Ganatleba/Tiflis, Georgien

Ludgerus Geschichten, Wunderliche Geschichte und *Der aller-, allerwertvollste Schatz:* Nacherzählt nach *„Das goldene Spinnrad, niederrheinische Sagen, Märchen und Legenden"*, mit freundlicher Genehmigung des Mercator-Verlags Duisburg, Gert Wohlfahrt GmbH

Stellt doch einfach alles ...: Nacherzählt nach *„Die Weisheit des Narren"* aus *„Gute Nacht Geschichten"*, mit freundlicher Genehmigung der Europa Verlag AG, Zürich 1951

Der süße Brei, Die Sterntaler und *Der Bauer und der Teufel:* Grimms Märchen

Die sieben Stäbe: Nacherzählt nach Christoph von Schmid, *„Das goldene Geschichtenbuch"*, Ensslin & Laiblin Verlag, Reutlingen 1957